lina bo bardi museu de arte de são paulo art museum

são paulo, brasil

1957 • 1968

marcelo carvalho ferraz (org.)

textos/texts: lina bo bardi • aldo van eyck

SERVIÇO SOCIAL DO COMÉRCIO
Administração Regional no Estado de São Paulo

Presidente do Conselho Regional
Abram Szajman
Diretor Regional
Luiz Deoclecio Massaro Galina

Conselho Editorial
Carla Bertucci Barbieri
Jackson Andrade de Matos
Marta Raquel Colabone
Ricardo Gentil
Rosana Paulo da Cunha

Edições Sesc São Paulo
Gerente Iã Paulo Ribeiro
Gerente adjunto Francis Manzoni
Editorial Clívia Ramiro
Assistentes: Ana Cristina Pinho, Bruno Salerno Rodrigues,
Antonio Carlos Vilela, Cláudia da Costa Melo, Vanessa Paulino da Silva
Produção gráfica Fabio Pinotti
Assistente: Ricardo Kawazu

museu de arte de são paulo
lina bo bardi

Um recanto de memória? Um túmulo para múmias ilustres? Um depósito ou um arquivo de obras que, feitas pelos homens para os homens, já são obsoletas e devem ser administradas com um sentido de piedade? Nada disso. Os museus novos devem abrir suas portas, deixar entrar o ar puro, a luz nova. Entre passado e presente não há solução de continuidade. É necessário entrosar a vida moderna, infelizmente melancólica e distraída por toda espécie de pesadelos, na grande e nobre corrente da arte.

É neste novo sentido social que se constituiu o Museu de Arte de São Paulo, que se dirige especificamente à massa não informada, nem intelectual, nem preparada.

A finalidade do Museu é formar uma atmosfera, uma conduta apta a criar no visitante a forma mental adaptada à compreensão da obra de arte, e nesse sentido não se faz distinção entre uma obra de arte antiga e uma moderna. No mesmo objetivo, a obra de arte não é localizada segundo um critério cronológico, mas apresentada quase propositadamente no sentido de produzir um choque que desperte reações de curiosidade e de investigação.

O famoso vão do MASP não foi uma excentricidade, o que em linguagem popular se poderia chamar uma "frescura arquitetônica". Aquele terreno, onde estava o antigo Belvedere do Trianon, foi doado por uma família de São Paulo que impôs como condição a manutenção daquela vista, que deveria ficar para sempre na história da cidade.

são paulo museum of art
lina bo bardi

Are museums alcoves where memories are hidden? Or tombs for illustrious mummies? Or deposits or archives for works, made by men for men, but which are now obsolete and should be treated with a sense of pity? Absolutely not. New museums must open their doors to let in fresh air and new light. Between the past and present there is no solution of continuity. Modern life, albeit sadly melancholic and distracted by all sorts of nightmares as it is, must be integrated to the great and noble flow of art.

It is in this new social sense that the São Paulo Museum of Art was built, specifically aimed at the unversed masses, neither intellectual nor educated.

The purpose of the Museum is to create an atmosphere, an attitude that harbors an apt mental state to understand works of art, and in this sense, there is no distinction between the old and modern. Works are not arranged according to chronological criterion, but are almost purposely presented in order to shock, to instigate an awakening curiosity and investigative reaction.

The famous void underneath the MASP building was no eccentricity, something that in colloquial language might be called an "architectural whim". The land where the old Trianon Belvedere used to be was donated by a São Paulo family. They imposed the condition that the view must be preserved and forever remain a part of the city's history.

It could never have been destroyed, because if this were so, the land would return to their heirs.

Não poderia nunca ser destruída pois, nesse caso, o terreno voltaria aos herdeiros.

O critério que formou a arquitetura interna do Museu restringiu-se às soluções de "flexibilidade", à possibilidade de transformação do ambiente, unida à estrita economia que é própria de nosso tempo.

Procurei uma arquitetura simples, que pudesse comunicar de imediato aquilo que, no passado, se chamou de "monumental", isto é, o sentido de "coletivo", da "dignidade cívica". Aproveitei ao máximo a experiência de cinco anos passados no Nordeste, a lição da experiência popular, não como romantismo folclórico, mas como experiência de simplificação. Através desta cheguei àquilo que poderia chamar de "arquitetura pobre". Insisto, não do ponto de vista ético. Acho que no Museu de Arte de São Paulo eliminei o esnobismo cultural tão querido pelos intelectuais (e os arquitetos de hoje), optando pelas soluções diretas, despidas. O concreto como sai das formas e o não acabamento podem chocar toda uma categoria de pessoas. O auditório propõe um teatro despido, quase a "granja" preconizada por Antonin Artaud.

Abandonaram-se os requintes evocativos e os contornos, e as obras de arte antigas não se acham expostas sobre veludo, como o aconselham ainda hoje muitos especialistas em museologia, ou sobre tecidos da época, mas colocadas corajosamente sobre fundo neutro. Assim também, as obras modernas, em uma *estandardização*, foram situadas de tal maneira que não as colocaram em relevo, antes que o observador lhes ponha a vista. Não dizem, portanto, "deves admirar, é Rembrandt!", mas deixam ao espectador a observação pura e desprevenida, guiada apenas pela legenda,

The criterion guiding the internal architecture of the Museum demanded "flexible" solutions, the possibility of transforming the environment taking into account the constraints of a tight financial plan, a mark of our time.

I sought a simple type of architecture, which could instantly express what in the past was called "monumental", that is, provide a sense of the "collective" and "civic dignity". I made the most of the five years I spent in the northeast of Brazil, learning the lessons of popular experience, not in terms of romantic folklore, but as a lesson in simplification. This led me to what I might call "POOR ARCHITECTURE". I stress that this is not an ethical point of view. I think that in the São Paulo Museum of Art I eliminated cultural snobbery, so dearly held by intellectuals (and today's architects), by opting for direct, raw solutions. Concrete, just as it comes out of the form, and the lack of finishing may shock some people. The auditorium offers an unadorned theater. It is almost a barn, as advocated by Antonin Artaud.

Evocative refinements and contours were abandoned, and the older works of art are not exhibited on velvet, as many museum curators recommend even today, or on materials from their times. They are boldly placed on a neutral background, as are modern pieces. All works are displayed in a standardized form so as not to stand out before the viewer has even set eyes on them. It does not, therefore, say, "you must admire this, it is a Rembrandt!", but it allows the viewer to have a pure and intuitive experience, guided only by the caption, which, in order to be critically rigorous, describes the piece so as to eliminate exaltation. Frames were also removed (when not authentic, from

descritiva de um ponto de vista que elimina a exaltação para ser criticamente rigorosa. Também as molduras foram eliminadas (quando não eram autênticas da época) e substituídas por um filete neutro. Desta maneira, as obras de arte antigas acabaram por se localizar em uma nova vida, ao lado das modernas, no sentido de vir a fazer parte na vida de hoje, o quanto possível.

Acho meu projeto de painel-cavalete da pinacoteca do MASP uma importante contribuição à museografia internacional. Os 3 mil visitantes do Museu, aos sábados e domingos, o demonstram, contra uma dezena de queixosos.

O novo Trianon-Museu é constituído por um embasamento (do lado da avenida Nove de Julho) cuja cobertura constitui o grande Belvedere. O "salão de baile", pedido pela Prefeitura de 1957, foi substituído por um grande *hall* cívico, sede de reuniões públicas e políticas. Um grande teatro/auditório e um pequeno auditório/sala de projeções completam este "embasamento". Acima do Belvedere, no nível da avenida Paulista, ergue-se o edifício do Museu de Arte de São Paulo. O edifício, de setenta metros de luz, cinco metros de balanço de cada lado e oito metros de pé-direito livre de qualquer coluna, está apoiado sobre quatro pilares, ligados por duas vigas de concreto protendido na cobertura, e duas grandes vigas centrais para sustentação do andar que abriga a pinacoteca do Museu. O andar abaixo da pinacoteca, que compreende escritórios, sala de exposições temporárias, livrarias, etc., está suspenso em duas grandes vigas por meio de tirantes de aço. Uma escada ao ar livre e um elevador/monta-cargas em aço e vidro temperado permitem a comunicação entre os andares. Todas as

that particular period) and replaced by neutral surrounds. In this way, older *oeuvres* have found a new life alongside the modern works, in that they are as much as possible a part of contemporary life.

I believe that my panel-easel at the MASP art gallery is an important contribution to international museography. This is what the three thousand visitors the museum receives every Saturday and Sunday express, against the dozen or so who complain.

The basement of the new Trianon-Museum (on Nove de Julho Ave. side) is topped by the roof terrace, the great Belvedere. The ballroom, requested by the municipal authorities in 1957, was replaced by a large civic hall, a place for public and political meetings. A large theater/auditorium and a smaller auditorium/screening room completes this basement. Above the Belvedere, at the level of Paulista Ave., rises the São Paulo Museum of Art (MASP) building. The building has a seventy meters span, with five meters of overhangs on each side and is eight meters above ground, free from columns. It is supported on four pillars connected by two prestressed concrete beams along the roof, and two large central beams to support the floor which houses the museum's art gallery. The floor underneath the art gallery, which has offices, temporary exhibition rooms, private showrooms, libraries, etc., is suspended on the beans by two large steel-trussed beams. An outdoor staircase and an elevator/lift made from steel and tempered glass provide communication between the different floors. Ducts, plumbing and wiring are visible. The finishing is very simple. Exposed lime washed concrete, quartzite stone flooring for the great civic hall, tempered glass,

instalações estão à vista. O acabamento é dos mais simples. Concreto à vista, caiação, piso de pedra-goiás para o grande *hall* cívico, vidro temperado, concreto à vista com caiação para o edifício do Museu. Os pisos são de borracha preta tipo industrial. O Belvedere é uma "praça", com plantas e flores em volta, pavimentada com paralelepípedos na tradição ibérico-brasileira. Há também áreas com água, pequenos espelhos com plantas aquáticas.

O conjunto do Trianon repropõe, em sua simplicidade monumental, os temas hoje tão impopulares do racionalismo.

Por causas diversas, alguns "incidentes" sobreviveram à construção do Museu.

Uma solda mal executada e um corte excessivo nos ferros de armação dos quatro pilares obrigaram a uma protensão vertical que não tinha sido prevista, e o ulterior acréscimo dos pilares ficará como "incidente aceito" e não como um contratempo a ser disfarçado, alisado, escondido.

Procurei recriar um "ambiente" no Trianon. E gostaria que lá fosse o povo, ver exposições ao ar livre e discutir, escutar música, ver fitas. Até crianças, ir brincar no sol da manhã e da tarde. E retreta. Um meio mau gosto de música popular, que, enfrentado "friamente", pode ser também um "conteúdo".

O tempo é uma espiral. A beleza em si não existe. Existe por um período histórico, depois muda o gosto, depois vira bonito de novo. Eu procurei apenas no Museu de Arte de São Paulo retomar certas posições. Não procurei a beleza, procurei a liberdade. Os intelectuais não gostavam, o povo gostou: "Sabe quem fez isso? Foi uma mulher!".

plastic walls, lime-washed exposed concrete on the Museum building, with black industrial rubber floors. The Belvedere is a "plaza", with plants and flowers all around, paved with cobblestones in Iberian-Brazilian traditional style. There are also water features, small decorative pools with aquatic plants.

The Trianon complex brings to the fore once again, in its monumental simplicity, the themes of rationalism that are so unpopular today.

For various reasons, some "incidents" during the Museum's construction still survive.

A badly executed piece of welding and an unexpected excessive cut in the steel armature in the four pillars resulted in a vertical prestress which had not been intended. Furthermore, pillars were subsequently added. These have remained as "accepted incidents", rather than problems to be disguised, smoothed over or concealed.

I sought to recreate an "environment" at the Trianon and I would like the people to visit, come to the outdoor exhibitions and discuss, listen to music, watch videos. Even the children should come and play in the morning and afternoon sun. Outdoor music, a sort of boorish popular music, which when "coldly" analyzed, can also have "depth".

Time is a spiral. Beauty in itself does not exist. It is there during a particular historical period, then tastes change and then it becomes beautiful again. What I sought to do at MASP was only to resurrect certain positions. I did not seek beauty, I sought freedom. The intellectuals did not like it, the people did: "Do you know who did this? A woman!".

13

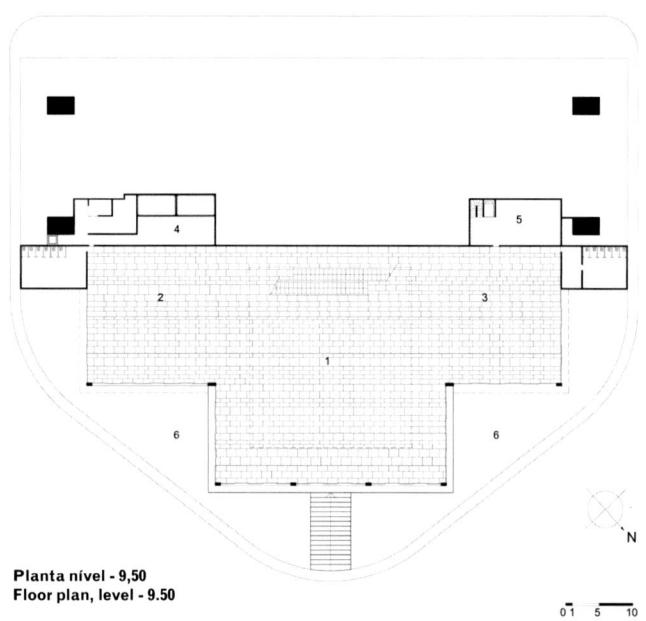
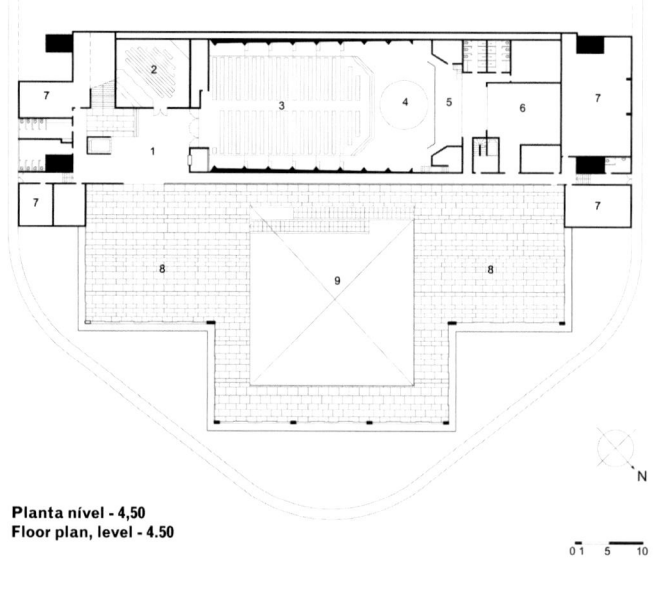

Planta nível - 9,50
Floor plan, level - 9.50

1 *Hall* cívico
2 Biblioteca
3 Restaurante
4 Serviços
5 Cozinha
6 Espelho-d'água

1 Civic hall
2 Library
3 Restaurant
4 Utilities
5 Kitchen
6 Water feature

Planta nível - 4,50
Floor plan, level - 4.50

1 Foyer
2 Pequeno auditório
3 Teatro
4 Palco
5 Bastidores
6 Manutenção
7 Depósito
8 Exposições
9 Vazio do *hall*

1 Foyer
2 Small auditorium
3 Theater
4 Stage
5 Backstage
6 Maintenance
7 Storerooms
8 Exhibition
9 Empty space

Planta nível 0,00
Floor Plan, Level 0.00

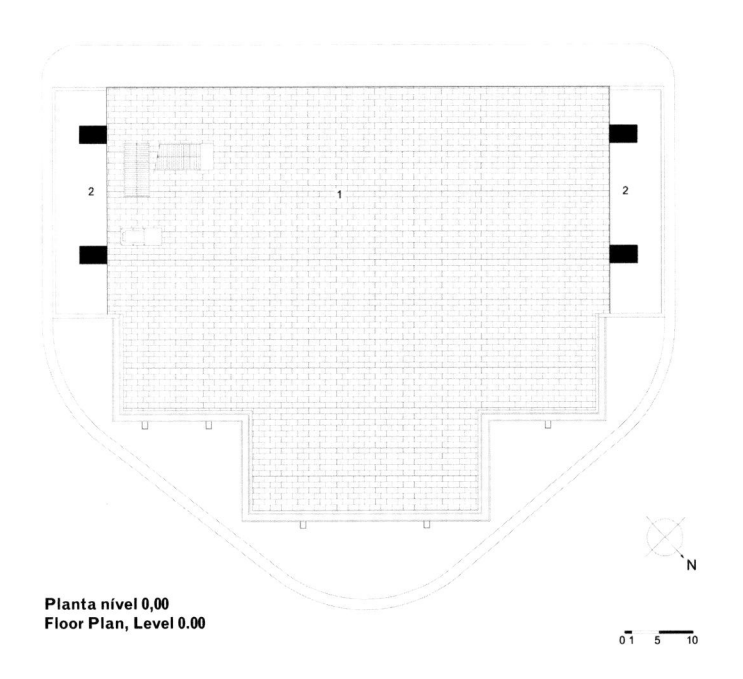

1 Belvedere
2 Espelho-d'água

1 Belvedere
2 Water feature

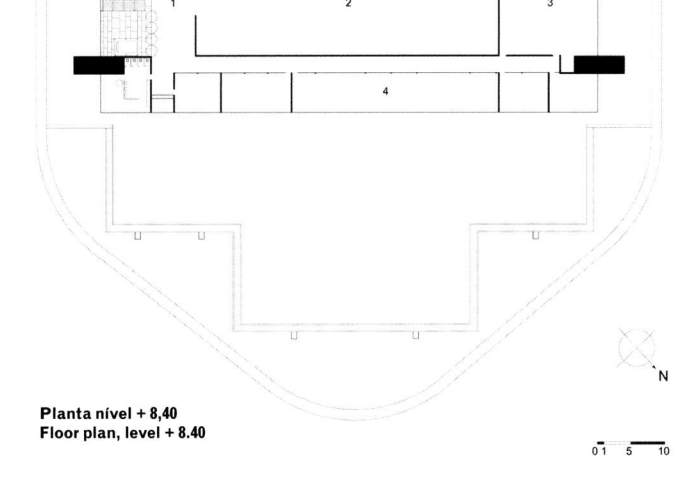

Planta nível + 8,40
Floor plan, level + 8.40

1 *Hall*
2 Exposições temporárias
3 Acervo
4 Administração

1 Hall
2 Temporary exhibitions
3 Collection
4 Administration

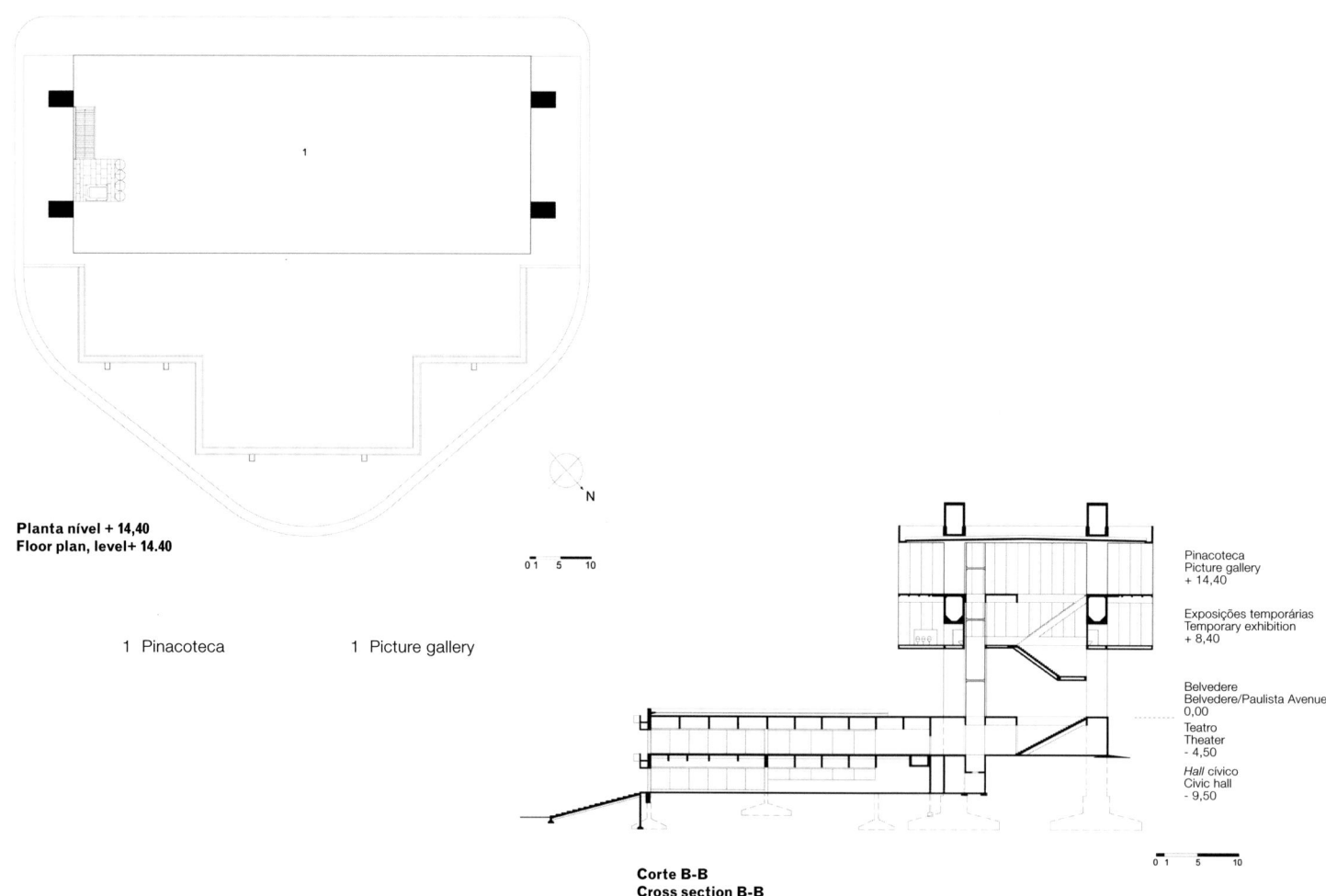

Planta nível + 14,40
Floor plan, level+ 14.40

1 Pinacoteca   1 Picture gallery

Pinacoteca
Picture gallery
+ 14,40

Exposições temporárias
Temporary exhibition
+ 8,40

Belvedere
Belvedere/Paulista Avenue
0,00

Teatro
Theater
- 4,50

Hall cívico
Civic hall
- 9,50

Corte B-B
Cross section B-B

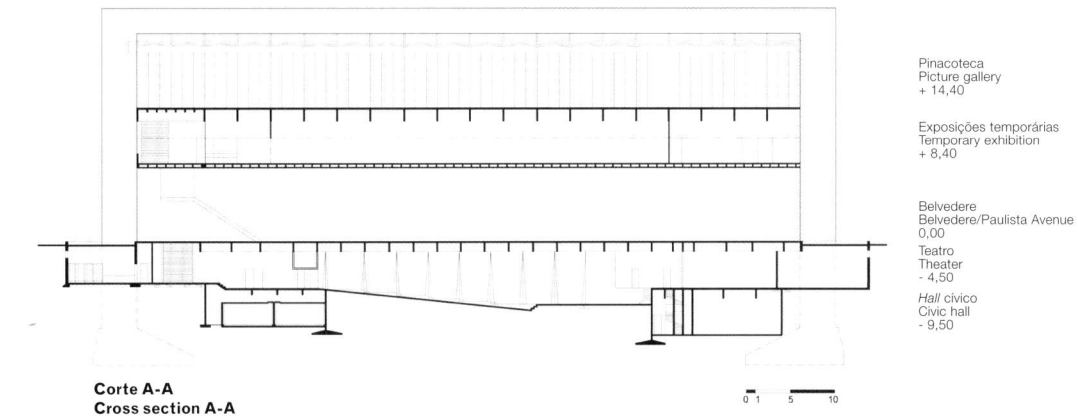

Corte A-A
Cross section A-A

Pinacoteca
Picture gallery
+ 14,40

Exposições temporárias
Temporary exhibition
+ 8,40

Belvedere
Belvedere/Paulista Avenue
0,00

Teatro
Theater
- 4,50

Hall cívico
Civic hall
- 9,50

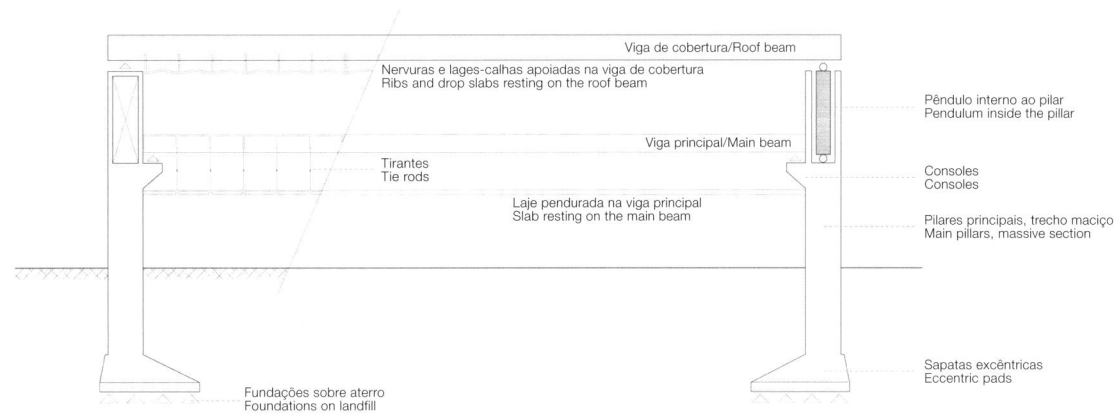

Desenho estrutural
Structural drawing

Viga de cobertura/Roof beam

Nervuras e lages-calhas apoiadas na viga de cobertura
Ribs and drop slabs resting on the roof beam

Viga principal/Main beam

Tirantes
Tie rods

Laje pendurada na viga principal
Slab resting on the main beam

Fundações sobre aterro
Foundations on landfill

Pêndulo interno ao pilar
Pendulum inside the pillar

Consoles
Consoles

Pilares principais, trecho maciço
Main pillars, massive section

Sapatas excêntricas
Eccentric pads

20

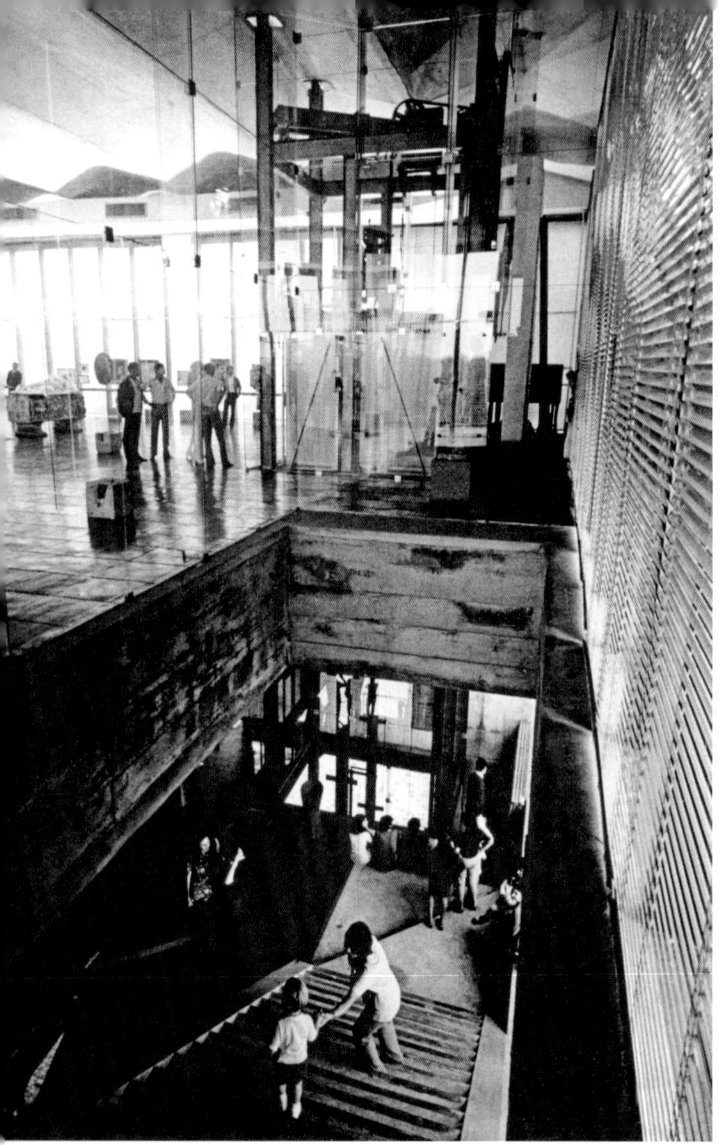

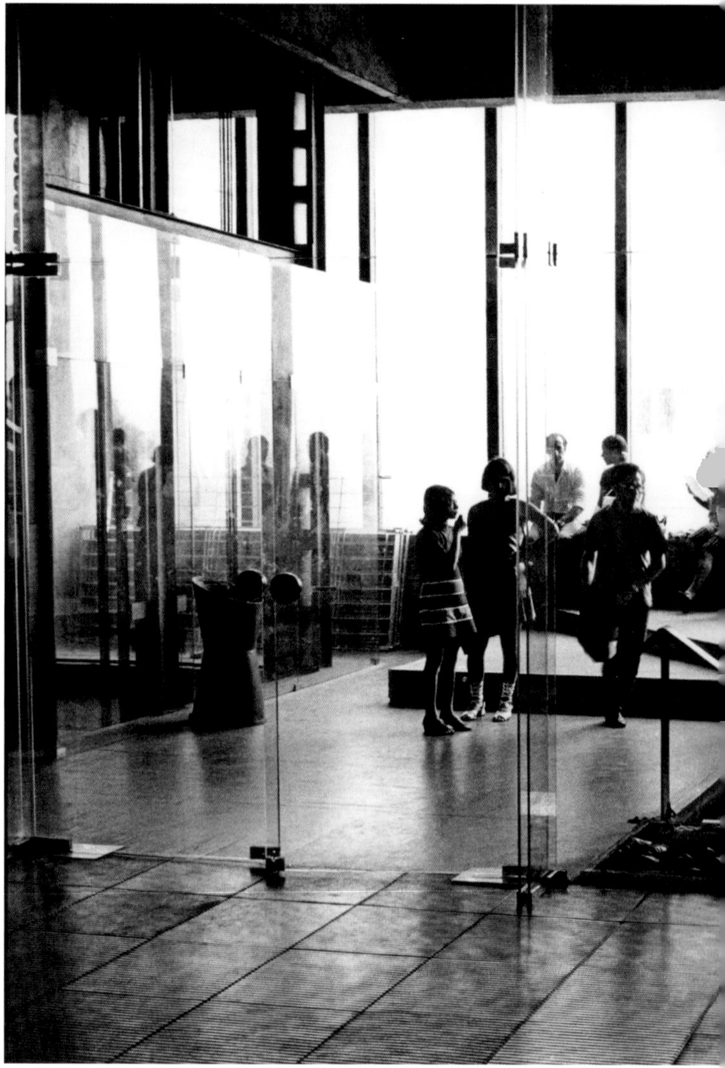

25

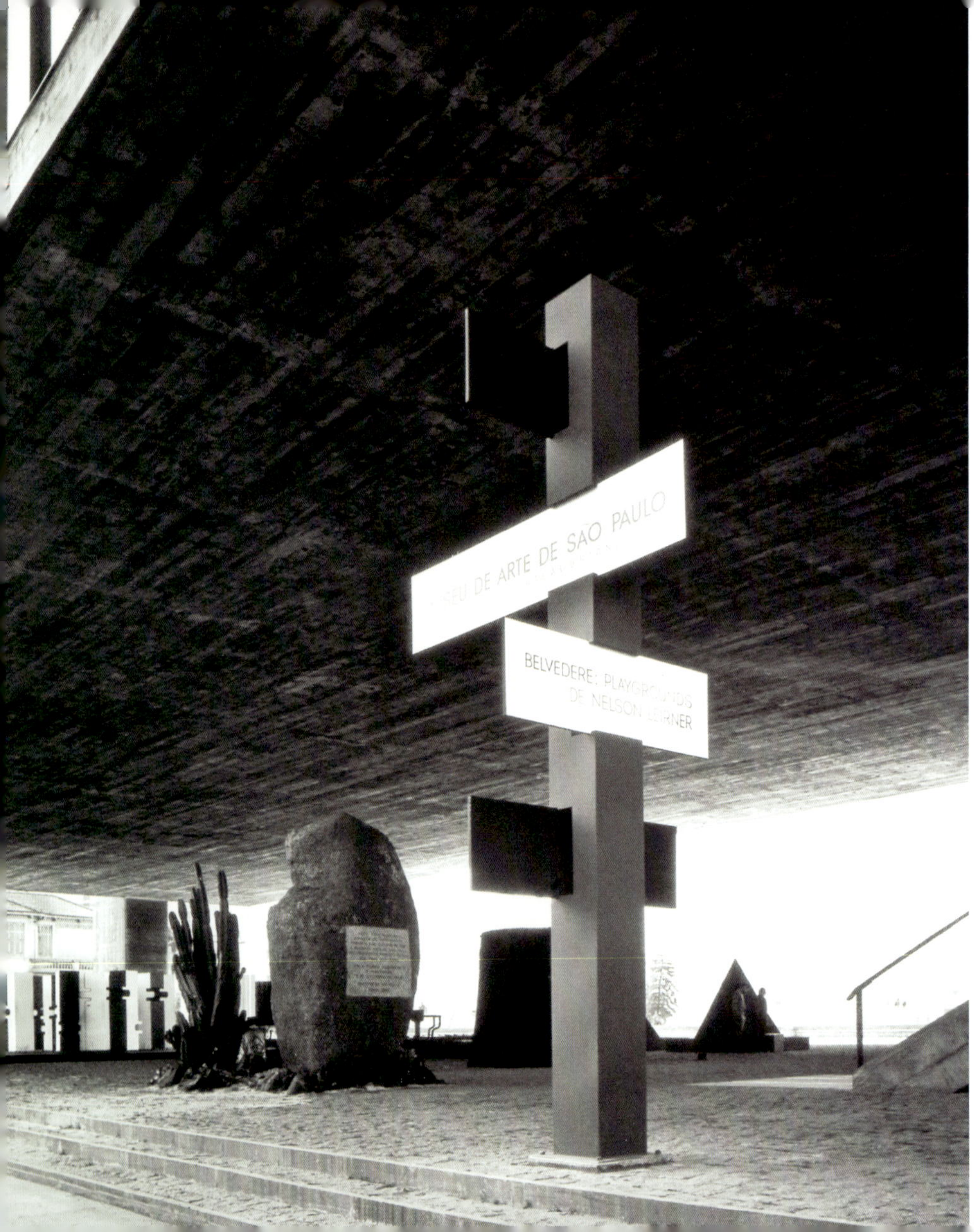
SEU DE ARTE DE SÃO PAULO
BELVEDERE: PLAYGROUNDS
DE NELSON

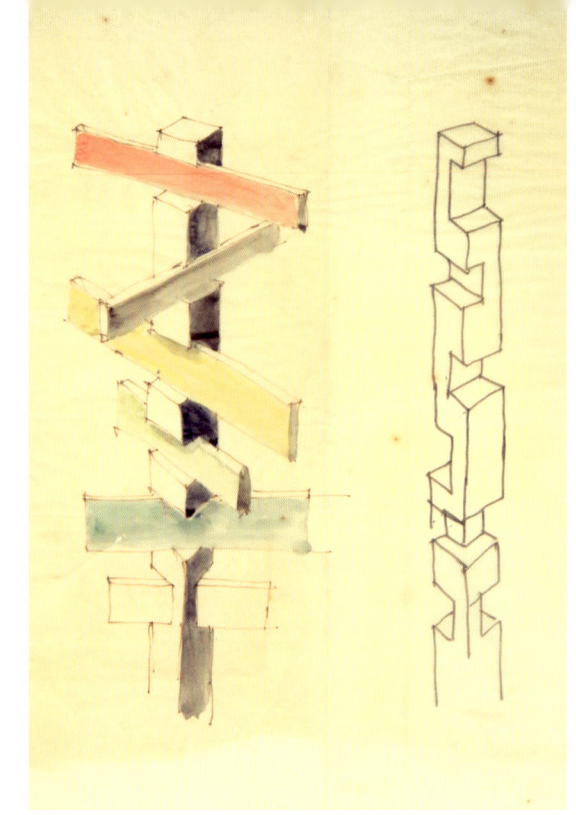

L'ombra della sera 5/11/'65

CIRCO PIOLIN

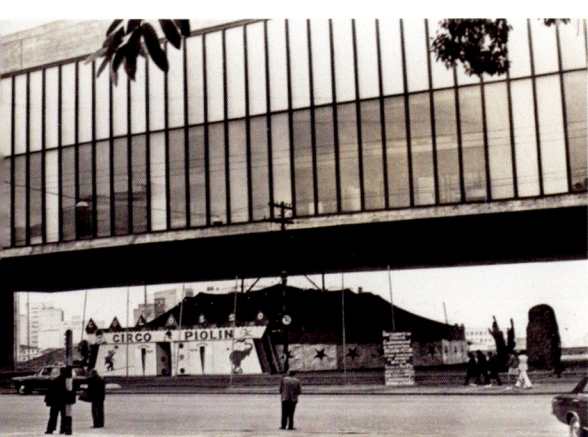

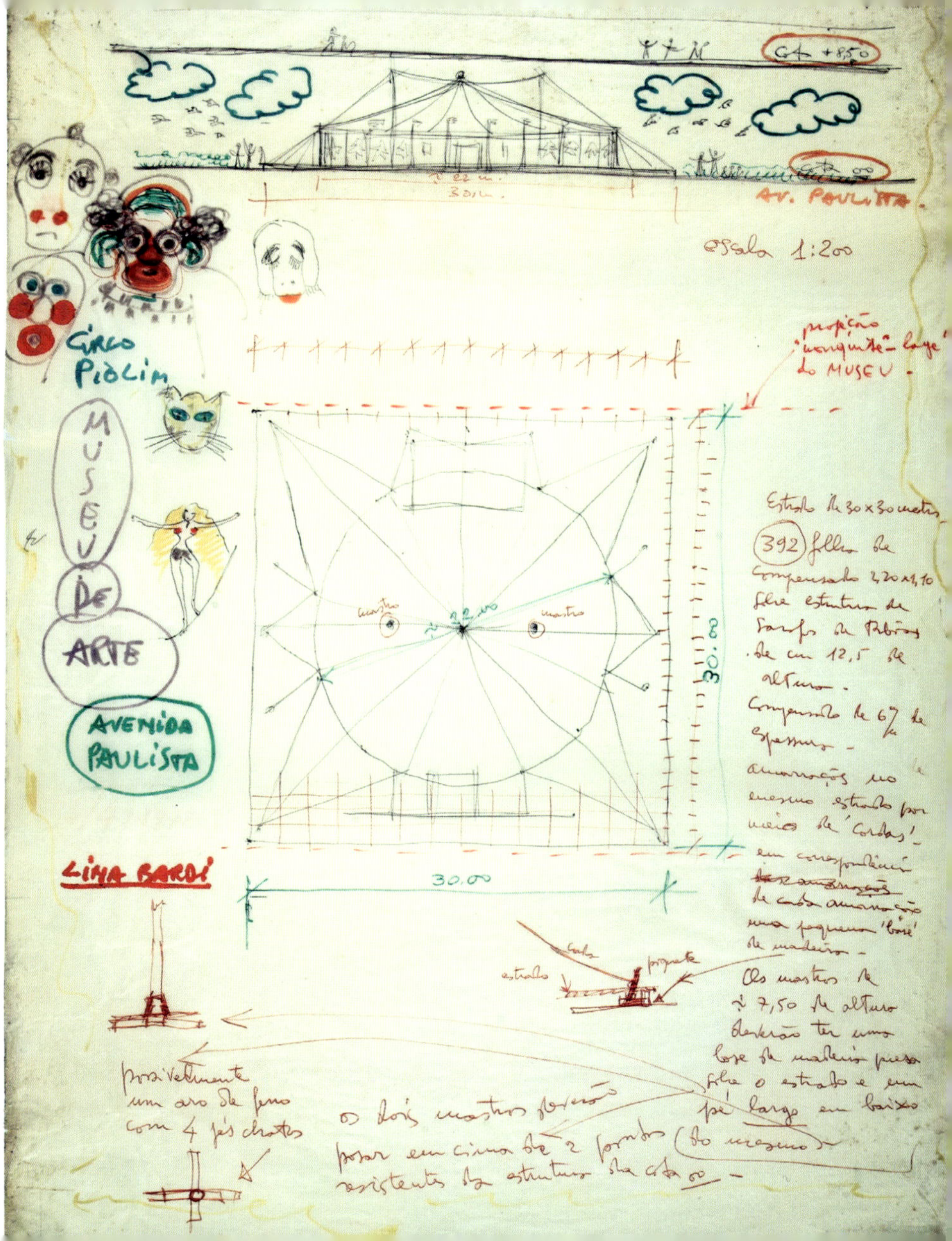
AV. PAULISTA
escala 1:200
CIRCO PIOLIM
MUSEU DE ARTE
AVENIDA PAULISTA
LINA BARDI
30.00
30.00

32

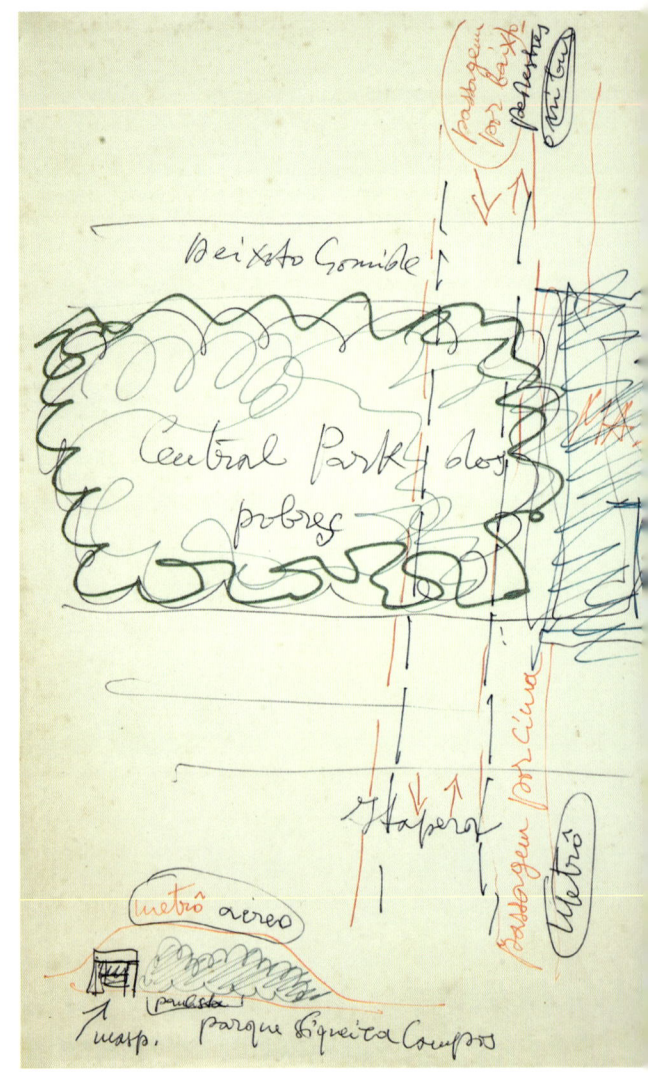

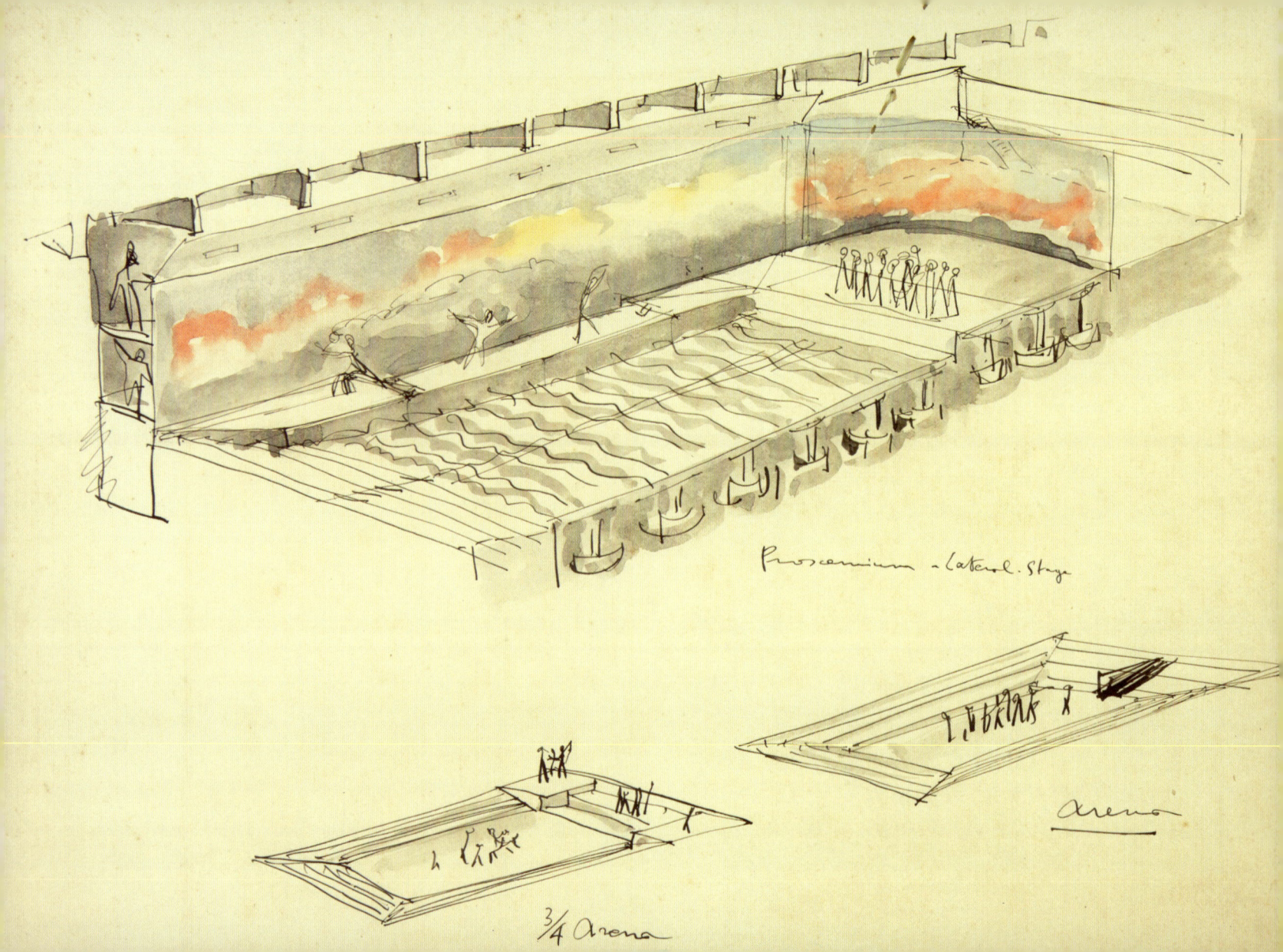

Proscenium - Lateral Stage

3/4 Arena

Arena

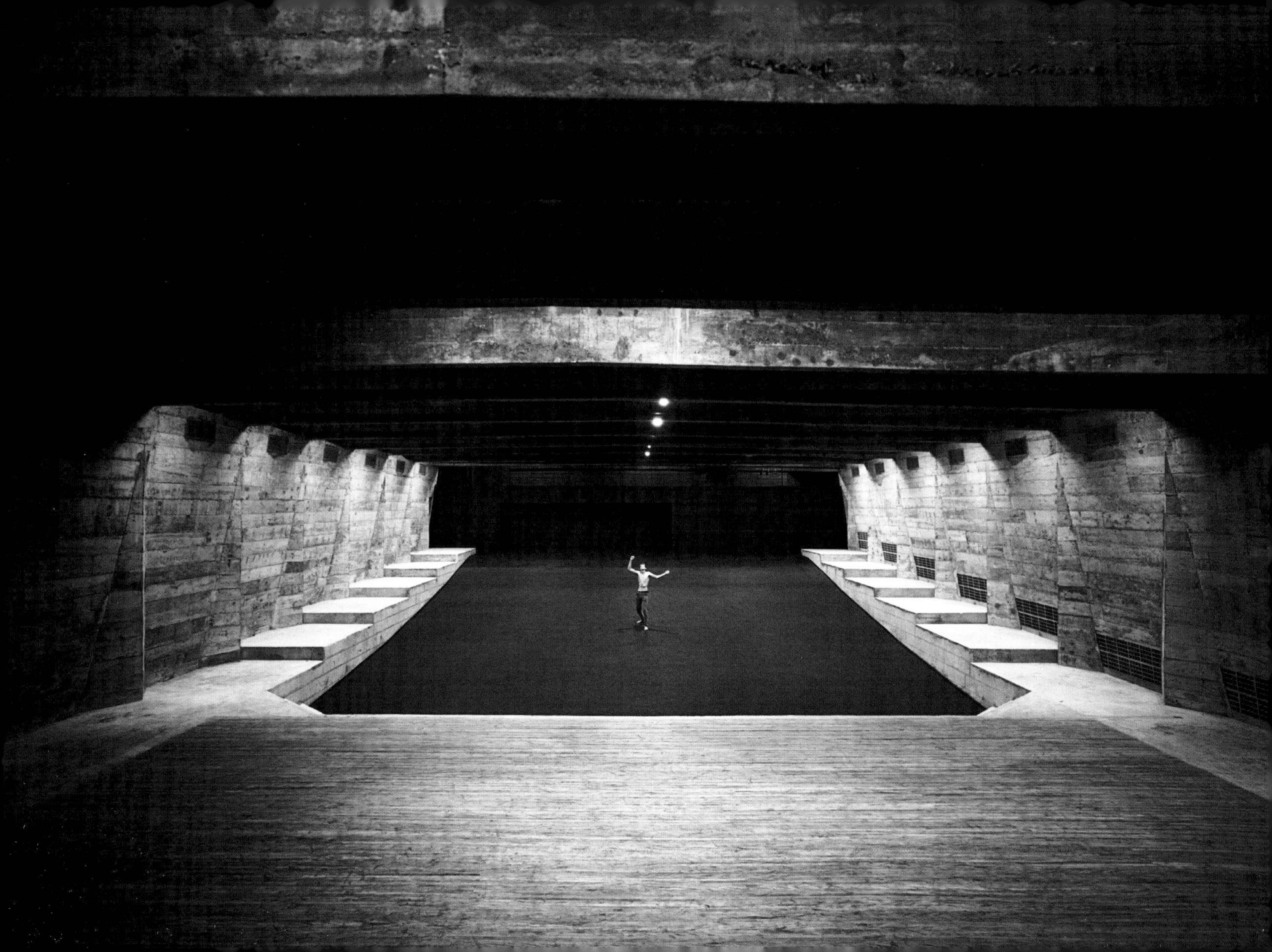

ARENA

as arena
projeção de luzes
(cidade noturna)

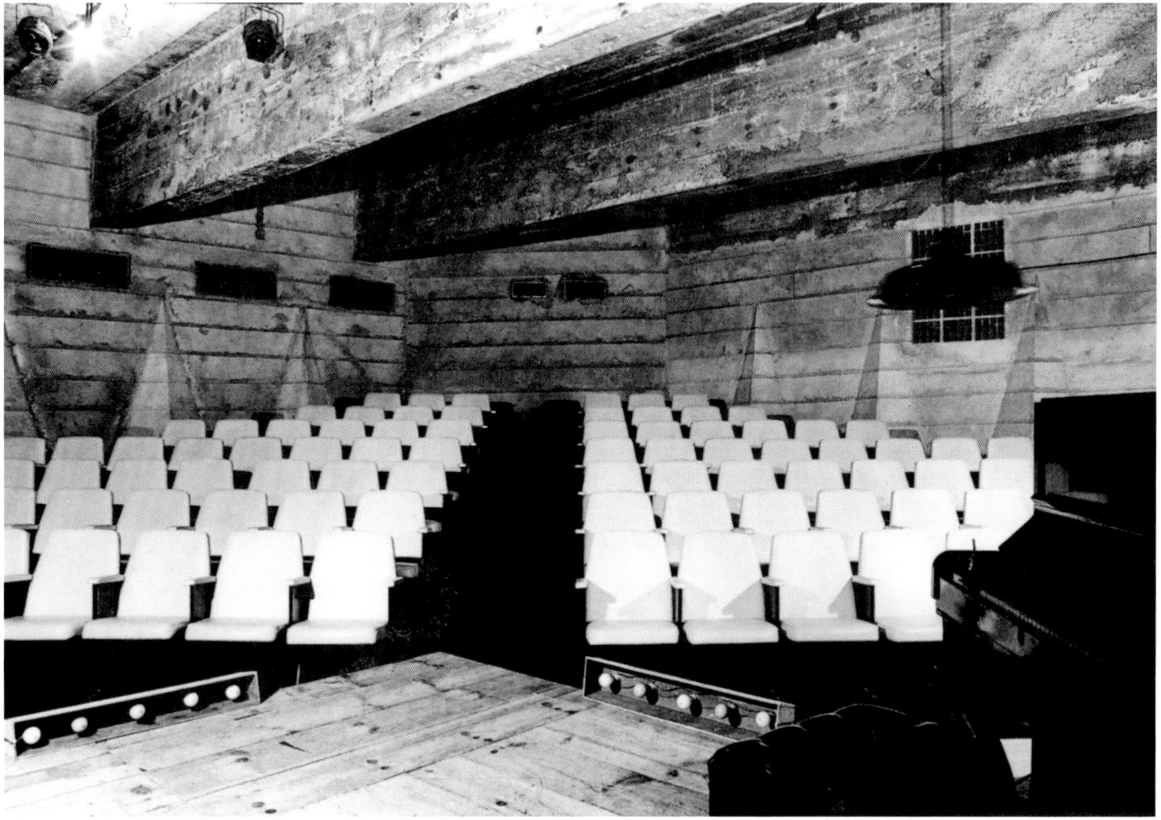

escada-rampo

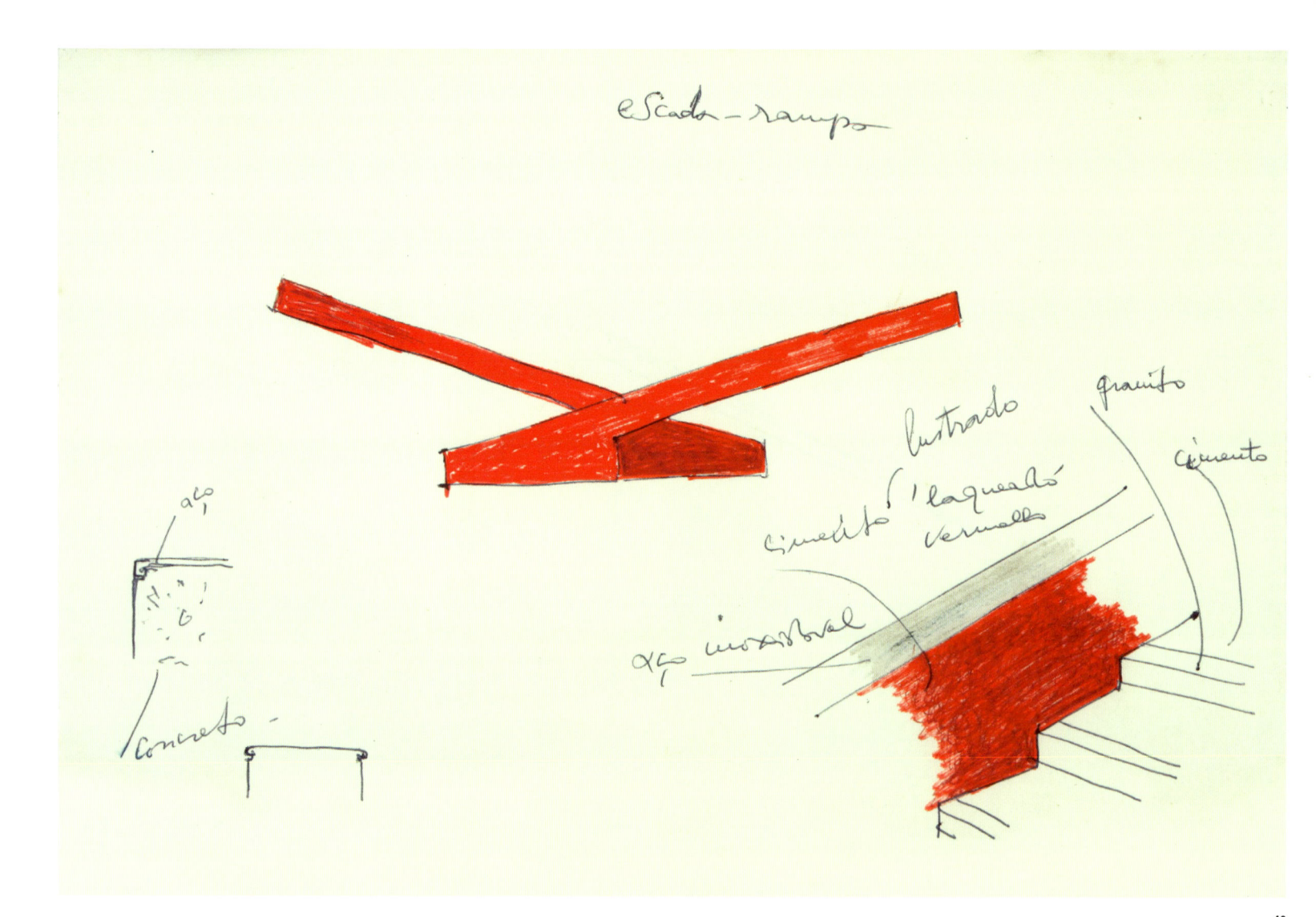

aço / concreto

lustrado
cimento / laqueado vermelho
aço inoxidável
granito
cimento

41

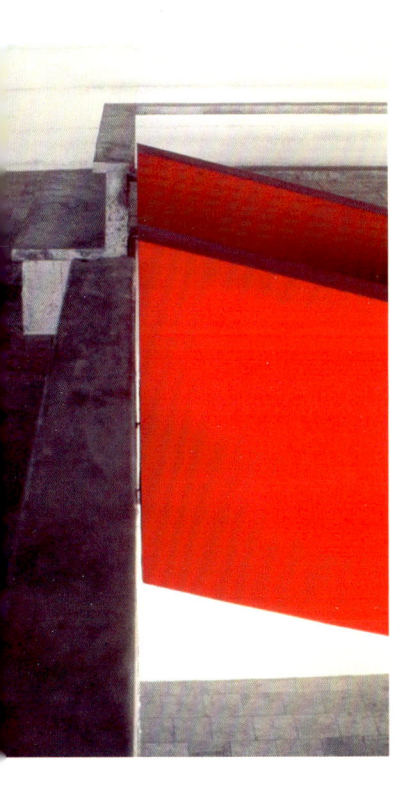

42

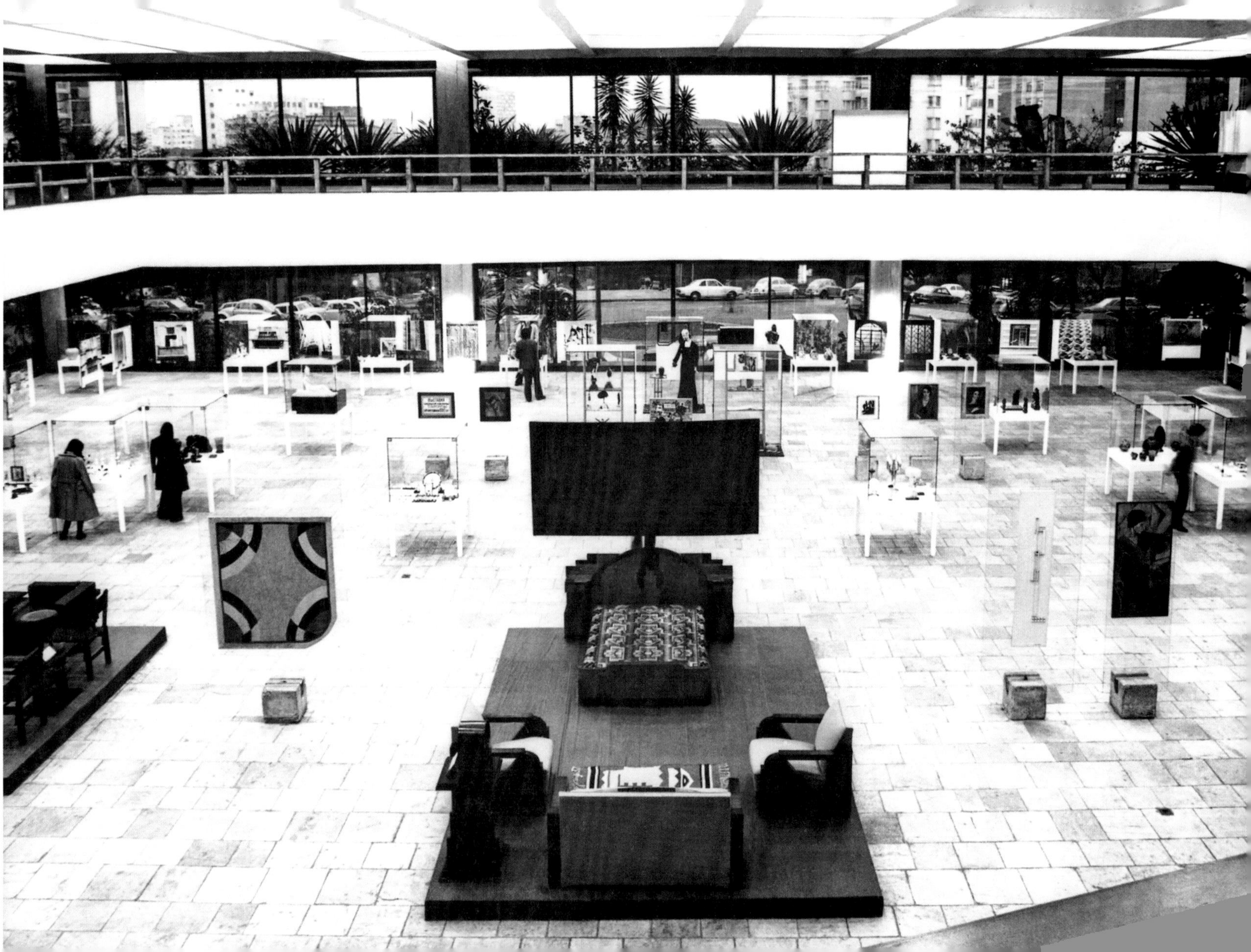

COLEÇÃO DE OBJETOS ANTIGOS
Doação Lina e P.M.Bardi

LABORATÓRIO
COMUNICAÇÕES
VISUAIS

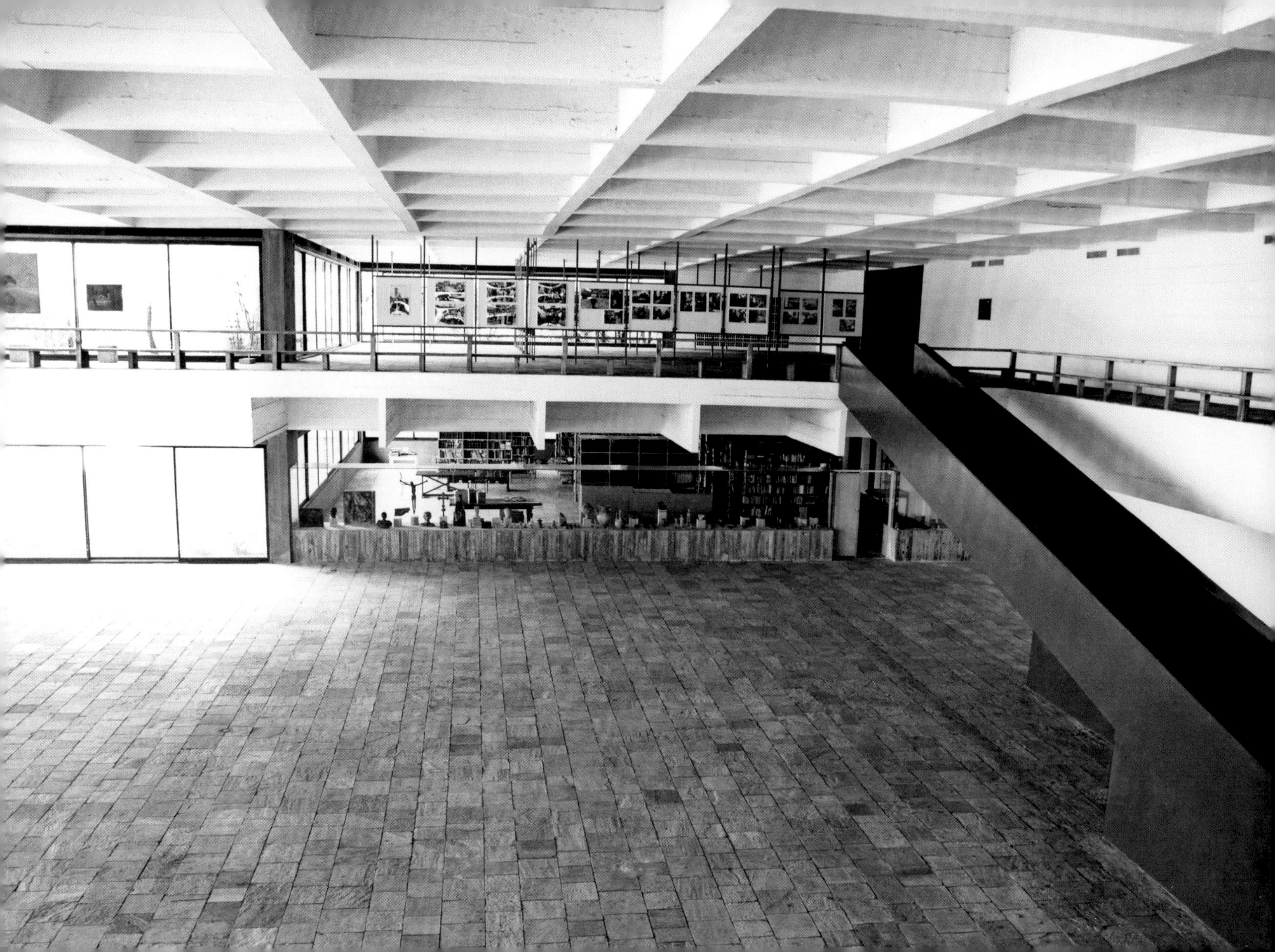

46

COLEÇÃO DAS CERÂMICAS DO MASP
Antiga Coleção Imbert - Paris

um dom superlativo
aldo van eyck

Quer nos aproximemos dele por baixo, quer pela Paulista – ao vê-lo de longe, como um núcleo situado sobre o túnel, naquele espaço enorme, ou ao vê-lo enquanto passamos por perto, abrindo-se para o mesmo espaço desde o alto –, o MASP não é apenas mais um outro belo edifício, mas sim um fenômeno.

Nesse gradiente extremo e com tanta veemência metropolitana circulando a seu redor, a seu lado ou embaixo dele, o que Lina Bo Bardi construiu ali é quase inacreditável até que o vejamos com nossos próprios olhos. O que parece impossível adquire realmente uma forma tangível, *concreta*.

Um feito espantoso, pois o edifício de fato está e não está ali, devolvendo à cidade tanto espaço quanto o que retirou dela. Uma vista impossível, se é que já existiu alguma, ainda mais porque foi destinada a permanecer aberta e não para que se construísse nela.

O gesto é de tirar o fôlego, e majestoso também, pois ela não só manteve a cidade aberta nesse ponto espetacular, mas também construiu um espaço enorme para o povo. Para o seu povo, pois assim é que ela o via.

Mas isto não é tudo, há ainda mais, já que sua generosidade e audácia eram completamente inclusivas. Respondendo ao vasto espaço de baixo, esticando-o literalmente e quase o duplicando, há esse grande interior acomodando um mar miraculoso de pinturas – um espetáculo *caleidoscópico* exemplificando cada item individual e ao mesmo tempo

a superlative gift
aldo van eyck

Whether we approach it from below or via Paulista Ave. – seeing it at a distance, either as a structure above the tunnel, filling that huge space, or just to see it as we pass by, as it opens out onto the same space, but seen from above, MASP is not just another beautiful building, it is a phenomenon.

The severe gradient of the site, surrounded by a fervent, agitated metropolis all around, beside and underneath it, Lina Bo Bardi's building is almost unbelievable. You have to see it with your own eyes. What seemed impossible actually acquires a tangible *concrete* form.

What an amazing feat this is, because the building is actually there and not there, it gives back to the city as much space as it took away. It is an impossible vista, if there ever was one, even more so because it was intended to remain unobstructed and not to be built upon.

This gesture is enough to take your breath away. It is also majestic, because not only did she keep the city open at this spectacular point, but she also built a huge space for the people. For her people, because this is how she saw them.

But that is not all, there is much more, because her generosity and audacity were completely inclusive. She responded to the vast expanse below by literally stretching it, almost doubling it. The large interior accommodates a miraculous ocean of paintings – a kaleidoscopic spectacle displays each individual item, whilst transcending the painter's

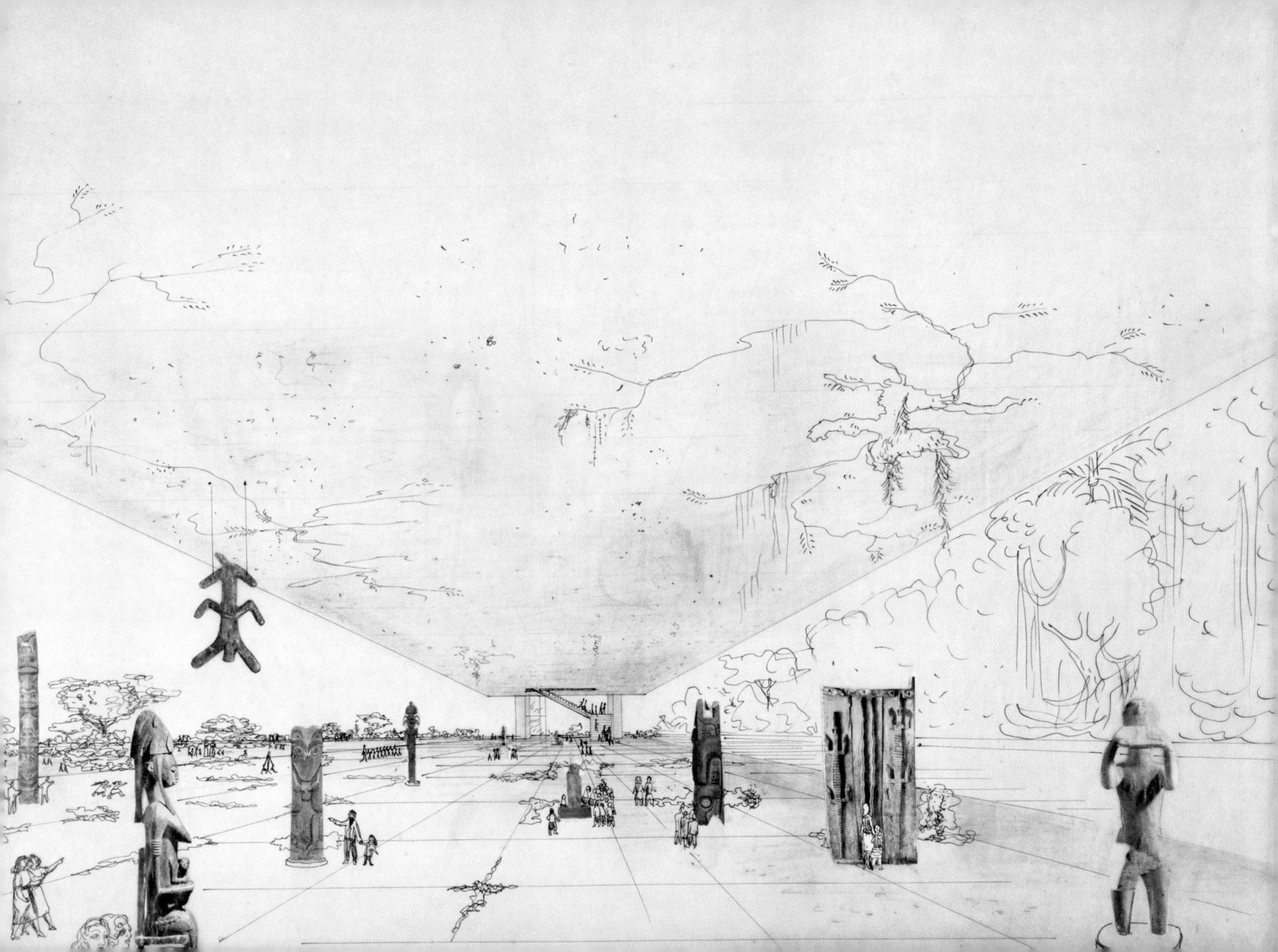

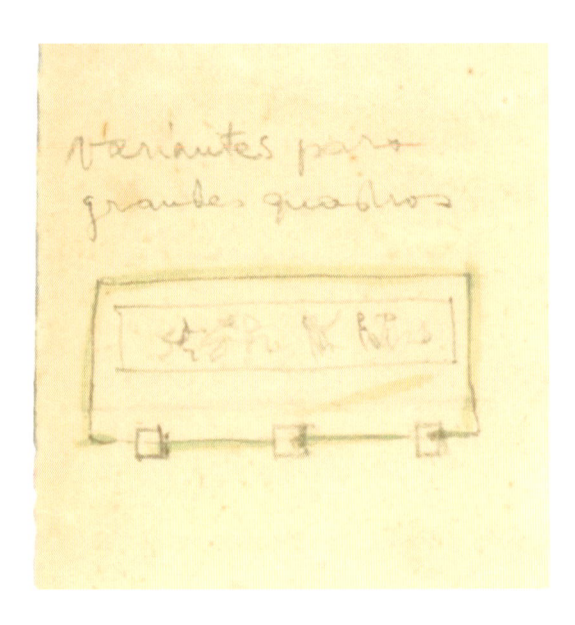

transcendendo o nome do pintor, o período cultural ou estilo. É sobre este gesto interior final que eu gostaria de discorrer, já que ele não é sempre prontamente entendido e é, por conseguinte, infelizmente vulnerável.

Que nem todo mundo simpatize igualmente com a maneira pela qual as pinturas foram expostas originalmente não é todavia surpreendente. A exposição, sendo única, é, em consequência, também anormal. E o que é anormal – neste caso à revelia, devido a seu caráter único – também é vulnerável no sentido de que corre o risco de ser mudado ou desmantelado completamente, o que seria uma perda inominável. Seja como for, agora o problema tornou-se agudo.

Se fosse visto, no entanto, como aquilo que é, um gesto final completando o outro traço superlativo do edifício, do qual já falei, não deveria ser mais tão difícil assim chegar a um entendimento do que pode parecer excessivo – até mesmo exorbitante – porque permanece solitário. A questão é que estes dois gestos extraordinários – o exterior e o interior – são interdependentes, pertencem um ao outro, afinados como estão pelo mesmo diapasão mental: a inflexível arte e arquitetura de Lina Bo Bardi, simultânea-solidária com o povo.

Num certo sentido – sentido errado –, pinturas em paredes tendem a ser vistas como janelas para um outro mundo, mas isso nega a realidade tátil de sua superfície pintada, a existência física de algo realmente *feito* – com tinta e pincel, pincelada após pincelada – NO ESPAÇO.

Uma pintura – cada pintura – constitui sua própria realidade *pintada* seja lá o que for que retrate. Essa realidade será melhor descoberta se a pintura

name, its cultural period or style. I would like to discuss this final interior gesture since it is not always readily understood and, therefore, sadly vulnerable.

It is not surprising that everyone does not sympathize with the manner in which the paintings were originally displayed. It is unique and therefore also abnormal. And what is abnormal – in this case by default, given its unique character – is also vulnerable in that it runs the risk of being changed or completely dismantled and this would be an inconceivable loss. Be that as it may, the problem has become acute.

However, if it were to be seen for what it is: a concluding gesture which supplements the other superlative feature of the building, already mentioned, it should not be so difficult to reach an understanding of what may seem excessive, or even outrageous because of its solitariness. The point is that these two extraordinary gestures, namely, the exterior and interior of the building, are interdependent, they belong to one another, attuned as they are by the same mental harmonics: Lina Bo Bardi's uncompromising art and architecture and simultaneous-solidarity with the people.

In a (misguided) way, paintings on walls tend to be seen as windows into another world, but this denies the tactile reality of the painted surface, that is, the physical existence of something that has actually been *crafted* – with paints and brushes, stroke after stroke – IN SPACE.

A painting – each painting – makes up its own *painted* reality, regardless of what it portrays. This reality will be best discovered if the painting is returned to where it was originally painted, which is

51

for devolvida para onde foi pintada, que é também onde o pintor estava quando a pintou. A verdade sendo que sua essencial bidimensionalidade não pode respirar integralmente quando fixada – trancada – numa parede.

Sim, em toda a parte as pinturas parecem pertencer às paredes nas quais elas estão de fato *fixadas* – como se tivessem nascido ali. Por certo, um dilema ubíquo. Não estamos mais cientes do fato de que a união imposta é falsa, em desacordo com o que as pinturas são realmente. De fato o dilema é tão geral que o impacto da solução do MASP surge como um choque no primeiro encontro, contrário a tudo aquilo a que fomos acostumados equivocadamente. Mesmo depois de nos tornarmos familiares com ela e de termos assimilado suas vantagens bastante substanciais, o impacto ainda é esmagador, o que é inevitável em meio a tantas grandes pinturas, expostas evocativamente num espaço único. Naturalmente o caráter único de exposição do MASP torna-o ainda mais *extraordinário*.

Desde o cubismo começamos a olhar de maneira diferente; a ver as coisas espacialmente, e, por conseguinte, também as pinturas – e a escultura –, seja qual for seu período. Lina Bo Bardi, imbuída como estava da realidade do dia a dia, da história e do espírito da vanguarda do século XX, sabia exatamente o que estava fazendo. Com visão penetrante ela iluminou o antigo conflito pintura *versus* parede, desvendando um dilema infeliz à sua própria e maravilhosa maneira.

É difícil e penoso visualizar todas as inumeráveis pinturas nas inumeráveis paredes em salas, *halls*

also where the painter was, when he or she painted it. The essential two-dimensional nature of the truth cannot fully breathe when hung – locked – on a wall.

It is true that paintings everywhere seem to belong to the walls onto which they are in fact *hung*, as if they were born there. This is certainly a ubiquitous dilemma. We are no longer aware that this imposed unity is false, that it is at odds with what paintings really are. Indeed, this dilemma is so widespread that the impact of the MASP solution comes as an initial shock. It goes against everything to which we have been misguidedly accustomed. Even after familiarizing ourselves and having understood its rather substantial advantages, the inevitable impact is still overwhelming, in the midst of so many great paintings, evocatively displayed in a single space. Naturally, the unique character of the MASP layout makes it even more *extraordinary*.

Ever since cubism, we have looked at things differently, seeing things in spatial terms and this is also true for paintings (and sculptures), regardless of their period. Lina Bo Bardi saturated her work with everyday reality, history and the spirit of the 20th century avant-garde. She knew exactly what she was doing. Her penetrating insight highlighted the age-old conflict – paint *versus* wall, and unraveled the unhappy dilemma in her own unique and wonderful way.

It is difficult and painful to visualize the countless paintings on countless walls in rooms, halls and in a myriad of museums waiting to return to a space where they can still pulsate and breathe, so to speak, in both directions – not only away from us, but also

53

e museus inumeráveis à espera de poder voltar para o espaço onde ainda possam vibrar, respirar, por assim dizer, em ambas as direções – não só afastadas de nós, mas também vindo em nossa direção. Era assim que era feito no MASP, onde o que era até recentemente a mais bela exposição do mundo de uma coleção de pinturas e esculturas irá, é o que se espera, ser reinstalada sem concessão. Qualquer outra solução implicaria divisórias com várias pinturas uma em frente à outra de todos os lados através de vazios – e mais uma vez as pessoas deslocando-se lateralmente de uma pintura até outra. Um pensamento terrível.

Pintadas durante um período relativamente curto – cerca de 500 anos – e numa pequena parte do mundo – a Europa –, as pinturas reunidas no MASP pareciam, devido à maneira pela qual eram expostas, estar agradavelmente afiliadas, transcendendo o período, a cultura ou o gênio individual. É como se todas pertencessem a uma única família complexa – uma que fosse admiravelmente coerente e diversa. Sentir a homogeneidade do que é exposto assim no MASP é muito comovente.

E assim, com o fim das paredes nas quais as pinturas estavam anteriormente condenadas a ser penduradas – por conseguinte, com o fim também da superfície plana, da textura e da cor arbitrária imediatamente atrás delas e à sua volta –, ficamos com pinturas no espaço onde elas foram originalmente pintadas: sobre um cavalete. Todas elas aqui e agora e todas ao mesmo tempo num conjunto contemporâneo. Nós nos tornamos cientes do fato de que a apreciação da arte, assim como sua "história", recebe de novo

toward us. This is how it was at MASP, which until recently had the most beautiful layout of a collection of paintings and sculptures in the world. This layout will, we hope, be fully reinstated. Any other solution would involve a number of partition walls with several paintings, opposite each other, on all sides across the void – and once again, people would have to move laterally from one painting to the next. A terrible thought.

Due to the manner in which they were displayed, the paintings which form the collection at MASP – created in a relatively short period of time (approximately 500 years) in a small area of the world, Europe – appeared to be pleasantly affiliated, transcending period, culture or individual genius. It is as if they all belonged to a single complex, admirably coherent and diverse family. It was very moving to feel the homogeneity displayed at MASP.

In this way, by getting rid of the walls on which paintings were previously condemned to hang – and consequently the end of flat surfaces and of arbitrary texture and color immediately behind and around them – we are left with paintings in a space as they were originally painted, on an easel, all together, here and now, and at the same time, forming a contemporary collection. We have become aware that the appreciation of art, as well as its "history", has once again gained permission to move, expand across spontaneous confrontation and unexpected juxtaposition, because this is what the planned *simultaneity* of the layout does, it provides unity involving diversity going beyond established categories. However, it also reflects the vigor and enthusiasm

permissão para mover-se, expandir-se, através do confronto espontâneo e da justaposição inesperada, pois é isto que a *simultaneidade* planejada da exposição efetua: a unidade envolvendo uma diversidade além das categorias estabelecidas. Mas também, reflete o vigor e o entusiasmo com os quais as pinturas foram adquiridas – trazidas de muito longe.

Contemplamos uma determinada pintura. Nossos olhos estão fixados na *superfície pintada*. Momentaneamente eles se fixam numa outra pintura ali perto e então retornam. Se as pinturas não são contemporâneas, é como se o tempo fosse comprimido. Mas, se sua natureza e qualidades aparecem em contraste extremo, elas podem até se fundir na mente! Nenhuma soma de conhecimento factual específico irá deter a experiência verdadeiramente *caleidoscópica* enquanto passamos de uma pintura a outra para cima, para baixo e através do espaço de uma ponta a outra.

Todas as pinturas devem de novo estar voltadas numa só direção, enquanto sua história – quem as pintou, quando, onde e o que mais valer a pena ser conhecido – está voltada para a direção oposta. Esta é outra grande ideia, porque não há interferência, visual ou mental, se não desejamos nenhuma delas. As pinturas podem falar por si mesmas, sem rótulos, uma a uma ou todas juntas sem estarem mais sobrecarregadas pela avaliação estabelecida e pela classificação acadêmica.

Ao olharmos, digamos, o Matisse ou o *Pobre pescador*, de Gauguin, nosso olhar pode muito bem cair sobre o *São Jerônimo*, de Mantegna, ou então num Lautrec, no autorretrato de Rembrandt ou até

with which paintings were acquired – and brought from very distant lands.

We look upon a particular painting. Our eyes are fixed on the *painted surface*. They briefly glimpse at another painting nearby and then return. If the paintings are not contemporary, it is as if time were compressed. But if their nature and qualities appear in extreme contrast, they can even merge within our minds! No specific group of factual knowledge will stand in the way of this truly *kaleidoscopic* experience, as we move from one painting to another up, down, through space, from one end to the other.

All the paintings should once again be facing one direction, while their history (who painted them, when, where and anything else worth knowing) is facing in the opposite direction. This is another great idea, because if we do not want to, there will be no interference, either visual or mental. The paintings can speak for themselves, without labels, one by one or all together without being overburdened by established evaluations or academic classifications.

As we look, let us say, at a Matisse or at Gaugun's *The Poor Fisherman*, our gaze may well fall upon Mantegna's *St. Jerome*, or on a Lautrec, or on a self-portrait of Rembrandt or even *Pear Compotoir*, by Léger. Walking among the paintings at MASP is certainly stimulating for the mind. They keep our appreciation moving, along with our judgment, while eliminating bias, as is desirable.

Let us invoke in our minds *The Bathers*, by Renoir: naturally, the girl, the painter and his easel were all present in space, the same is true of his *Venus Victorious* or Degas' *Dancers*, modeled in clay before

mesmo em *A compoteira de peras,* de Léger. Passear entre as pinturas no MASP é com certeza estimulante para a mente. Mantém nossa apreciação em movimento, e também nosso julgamento, ao eliminar o preconceito, como é desejável.

Evoquemos em nossa mente a *Banhista,* de Renoir. Foi, naturalmente, pintada com a moça, o pintor e seu cavalete, todos os três presentes no espaço, e o mesmo aconteceu com sua *Vênus vitoriosa* ou com as dançarinas de Degas quando foram modeladas no barro antes de serem fundidas em bronze. A diferença entre pintura e escultura é considerável, mas não em todos os níveis, eis o que se pode observar no MASP.

Basta imaginarmos Matisse, sua tela numa parede, pintando com seu estúdio *atrás dele* – e agora olhemos para a pintura – impensável! Matisse não poderia estar nos mostrando um torso de gesso em cima de uma mesa através de uma janela na parede. O MASP tem um Matisse "real" para nós! E muitas outras pinturas que se tornaram mais reais devido à exposição única de Lina.

Quanto a Cézanne, vamos imaginá-lo ao ar livre, imerso no que estava à sua volta, manejando aquela realidade com tinta e pincel na tela. E ele também a fazer uma outra pseudo janela numa parede, abrindo-se para o que jamais esteve ali!

E *As tentações de santo Antão,* de Bosch: bem à nossa frente, como eu a descobri de repente, foi uma sensação espantosa. A fantasmagoria – o inferno se aproximando – com cada detalhe incisivamente delineado – não está em algum lugar além da superfície, mas ali *nela mesma* – ah, tão real.

being cast in bronze. There is considerable difference between painting and sculpture, but not on all levels and it is this that can be observed at MASP.

We need only imagine Matisse, his canvas on a wall, painting with his studio *behind him* – if we now look at the painting – it is simply unimaginable! Matisse could not have shown us a plaster torso on a table through a window in the wall. At MASP, Matisse's work comes to "life" for us. As is true with many other paintings that have become more real thanks to Lina's unique layout.

As for Cézanne, let us imagine him outdoors, immersed in what was around him, working that same reality with paints and brushes on canvas. He too is creating another pseudo-window on a wall, opening out onto what was never there!

Bosch's *The Temptation of St. Anthony*: right in front of us, just as I suddenly discovered it. It was an amazing feeling, its phantasmagoria, hell approaching, with every detail incisively outlined. It exists nowhere beyond the surface, but it *really* is there – ah, it is so real.

If a Mondrian had been part of the MASP family, it would have fitted in wonderfully anywhere.

I would like to conclude by drawing attention for a moment to another architectural masterpiece in another part of São Paulo, which like MASP, combines a similar spectrum of superlatives: Sesc Pompeia. I would like to pay a personal tribute to this woman, who managed to create throughout her life, and more than once, such supreme architecture. I had the extreme pleasure of spending an afternoon with Lina Bo Bardi, the morning after having had

57

Se houvesse um Mondrian no MASP como parte da família, ele ficaria maravilhoso em qualquer lugar.

Gostaria de concluir desviando a atenção do leitor por um instante para uma outra obra-prima da arquitetura em outra parte desta cidade, que, como o MASP, combina um espectro semelhante de superlativos: o Sesc Pompeia, e concluir prestando uma homenagem pessoal à mulher que de fato conseguiu realizar a arquitetura suprema mais de uma vez em sua vida. Eu tive o extremo prazer de passar uma tarde com Lina Bo Bardi, depois de ter recebido naquela manhã o choque de experimentar o museu pela primeira vez e observar todas aquelas pinturas povoando aquele enorme espaço da maneira que ela o concebeu (de ponta a ponta e de um lado a outro) pela primeira e *única vez*. Pois, infelizmente, quando eu estive novamente ali, já não era mais assim. Tudo foi eliminado. Uma visão terrível. Esperemos que apenas momentaneamente. Eu voltarei se tudo for restaurado à maneira original de Lina, incluindo a adorável queda-d'água em volta da estrutura inferior e uma solução mais adequada para a escadaria, que uma vez me arremessou da rua diretamente para a amplitude do interior. Deixem que o MASP continue a ser uma exceção maravilhosa à regra e à prática erradas.

the shock of experiencing the Museum for the first time, gazing upon all those paintings *populating* that enormous space, just as she had conceived (from end to end and from one side to the other). It was the first and *only time,* because, unfortunately, when I was there again it was no longer the same. Everything now been changed. A terrible sight. We hope it is only a momentary situation. I shall come back, if everything is restored to Lina's original conception, including the lovely waterfall around the lower structure. I would also like to see a more appropriate solution for the staircase, which once took me from the street into the depths of its interior. Let MASP remain a wonderful exception to erroneous rules and practices.

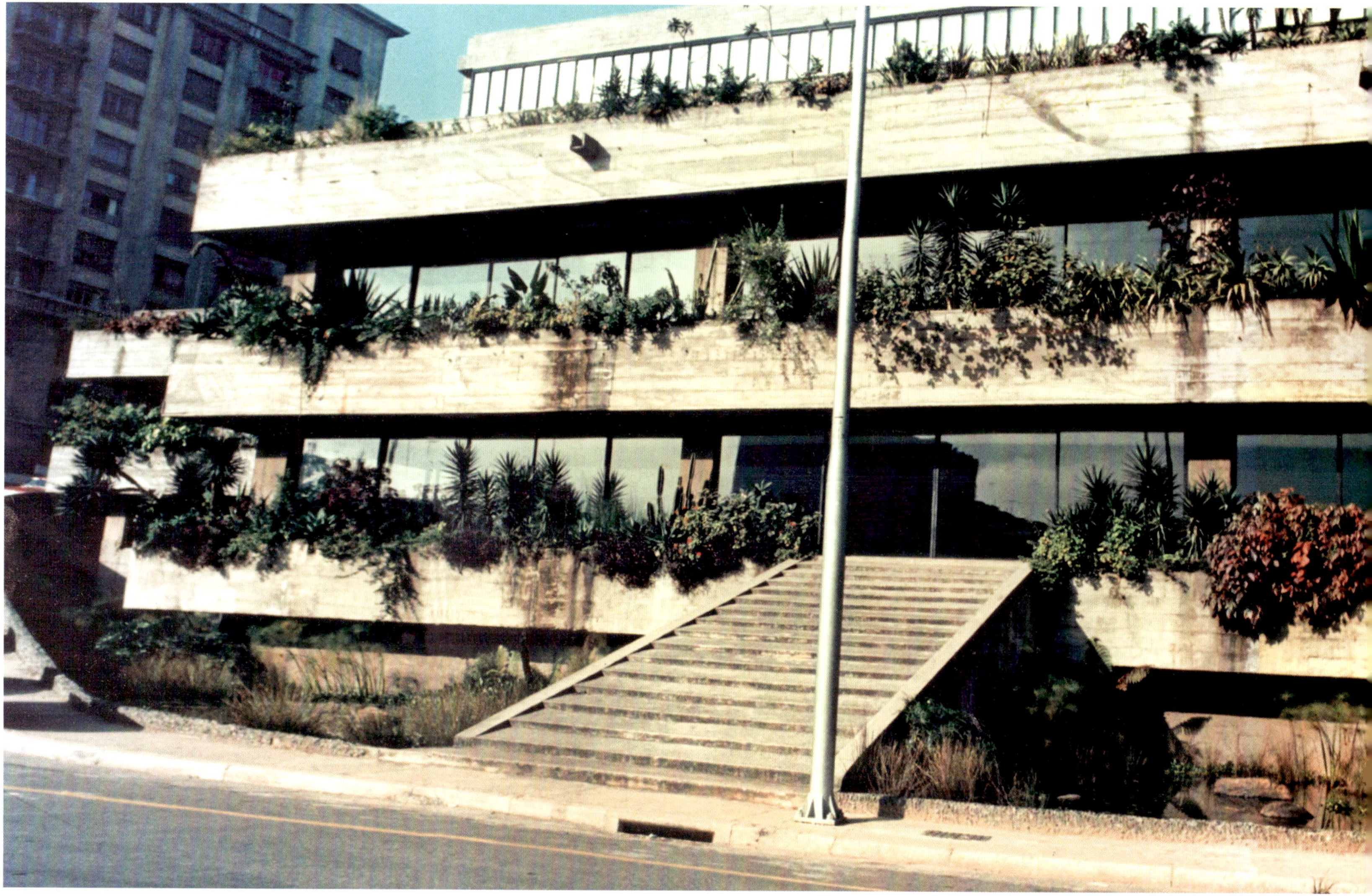

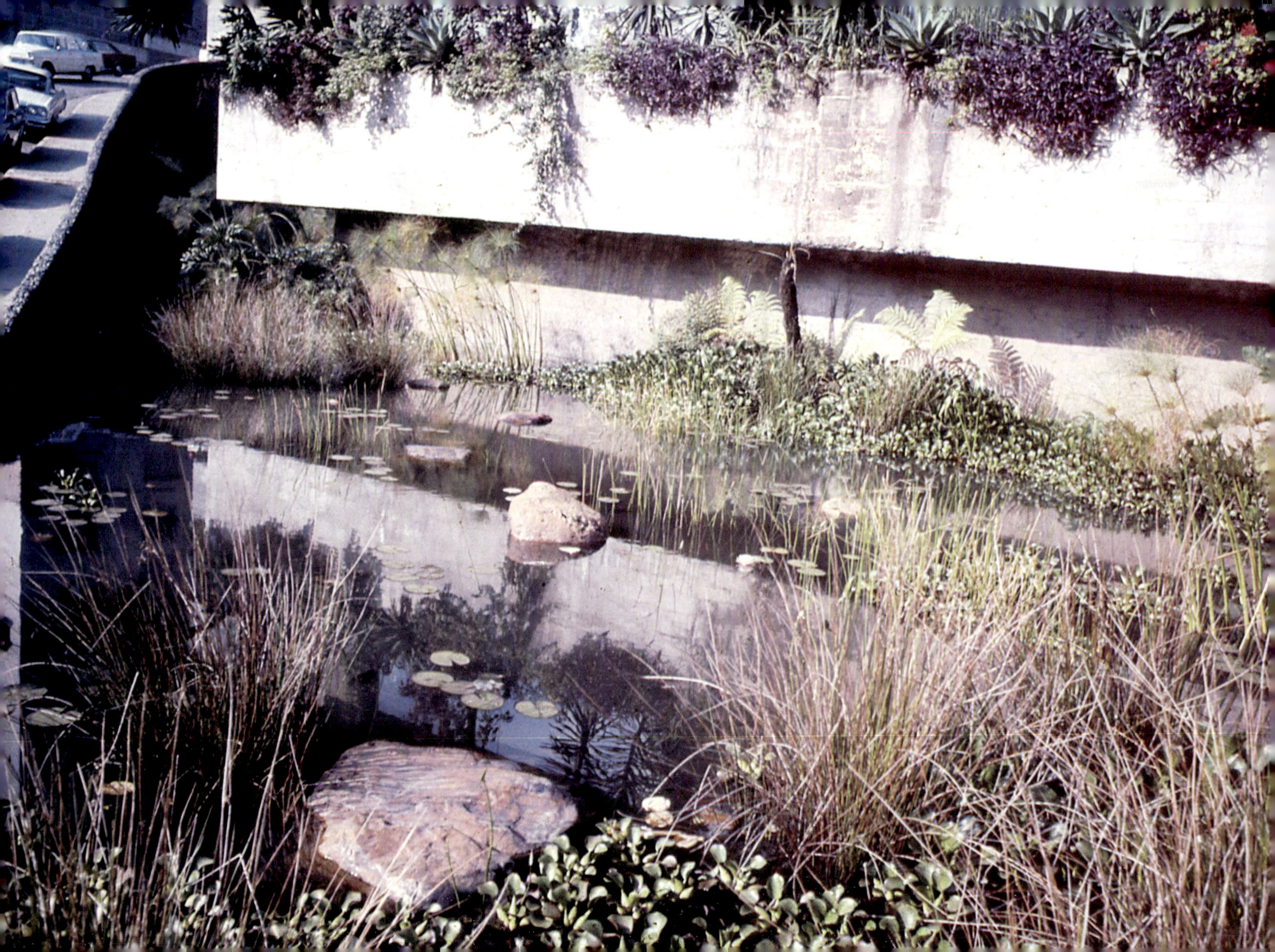

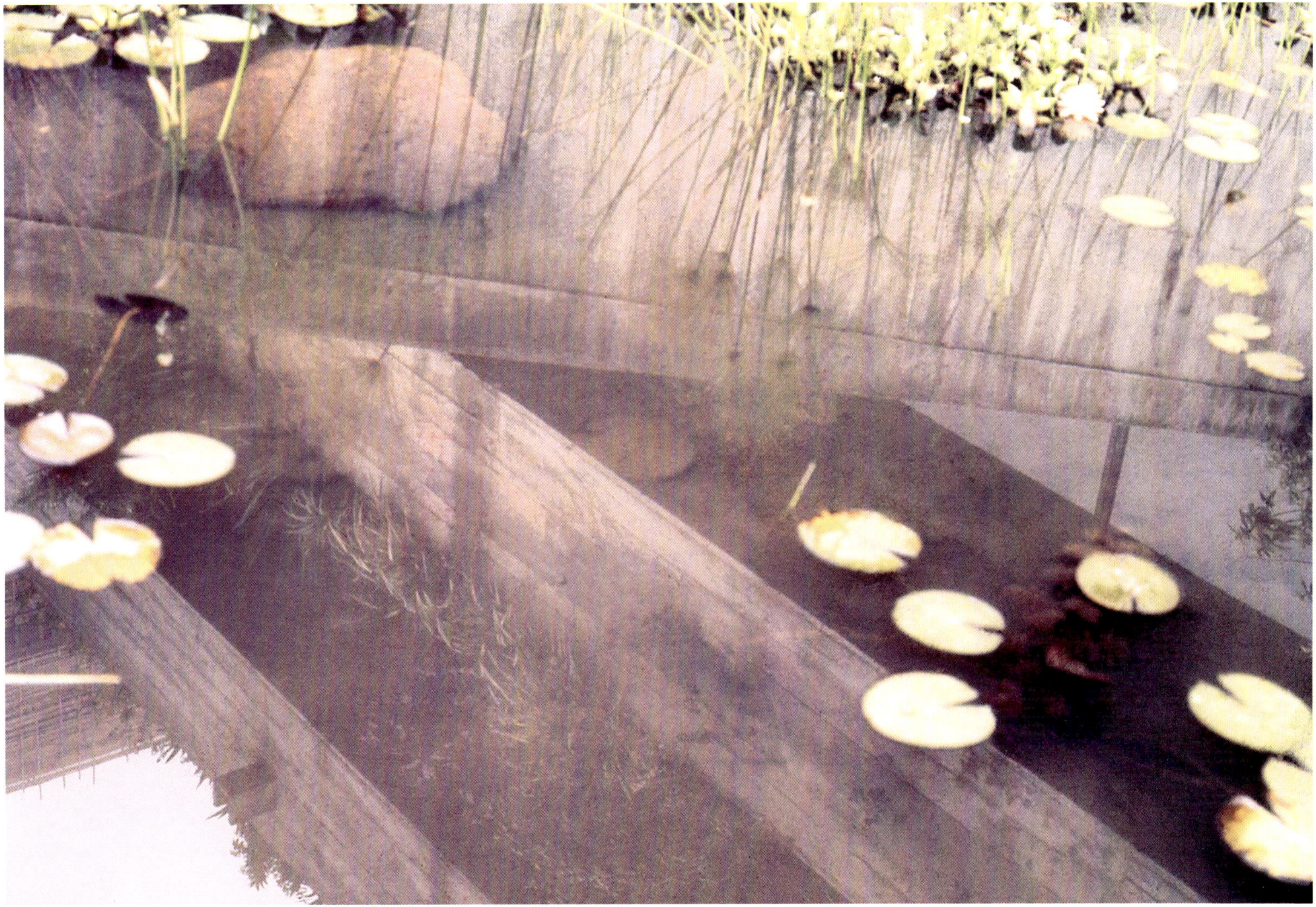

O essencial da arquitetura é fornecer uma alternativa. Não vou chamar a isto de refúgio, mas digamos que é um "recipiente da existência", um recipiente da existência que traz outro nível de alegria para a vida…

… A realidade da arquitetura é a do concreto, do físico e do espacial. E também é o som, o cheiro, todas essas coisas fantásticas que vêm da construção e da experiência de fazer arquitetura.

Ah, mas é preciso haver alguém que possa tomar essa decisão…
steven holl

It is fundamental that architecture provides an alternative. I am not going to call this a refuge, but let us say it is a 'container for existence', a container for existence that brings another level of joy to life…

…The reality of architecture is the concrete, the physical and the spatial.

And it is also sound, smell and all these amazing things that come from construction and the experience of practicing architecture.

Ah, but there needs to be someone who can make that decision…
steven holl

MASP

63

Projeto gráfico, edição e tratamento de imagem
Victor Nosek

Revisão
André Albert

Versão para o inglês
Peter Muds

Revisão do inglês
Julia Spatuzzi Felmanas, André Albert

Desenhos de miolo, capa e plantas
Acervo Instituto Lina Bo e P. M. Bardi
pp. 3, 14 a 17, 28 a 31, 34, 36, 38, 40, 49, 50, 51, 63, verso da capa

Fotografias
Acervo Instituto Lina Bo e P. M. Bardi
pp. 10 a 12, 18 a 20 (dir.), 21, 22, 25 a 28, 32, 35, 41 a 47, 51 a 62, verso da quarta capa (sem autoria); 9, 24, 25 (esq.) (P. Gasparini, não localizado); 8 (Lew Parrela); 5 a 7, 13, 20 (esq.), 23, 37 (Hans Günter Flieg/Acervo Instituto Moreira Salles)

Acervo André Vainer
p. 31 (Enrico Porro, 1972, não localizado)

Itamar Miranda/Estadão Conteúdo
p. 33

Marina Rago
p. 34

Nelson Kon
p. 63

Victor Nosek
p. 39

Foram realizados todos os esforços para obter a permissão dos detentores dos direitos autorais e/ou fotógrafos, e houve o cuidado de catalogar e conceder seus devidos créditos. Será uma satisfação corrigir quaisquer créditos nas tiragens futuras, caso recebamos mais informações.

Esta publicação faz parte das comemorações do centenário de nascimento de Lina Bo Bardi (1914-2014).

Dados Internacionais de Catalogação na Publicação (CIP)

B236s
Bardi, Lina Bo

Museu de Arte de São Paulo / Textos de Lina Bo Bardi e Aldo van Eyck; Organização de Marcelo Carvalho Ferraz. – São Paulo: Edições Sesc São Paulo, 2015. –
64 p. il.: fotografias e desenhos. Bilíngue, português/inglês. – (Coleção Lina Bo Bardi).

ISBN 978-85-7995-184-8

1. Arquitetura. 2. Brasil. 3. Museu de Arte de São Paulo. 4. Bardi, Lina Bo. I. Título. II. Ferraz, Marcelo Carvalho. III. Vainer, André. IV. Coleção

CDD 721

Ficha elaborada por Maria Delcina Feitosa CRB/8-6187

© Edições Sesc São Paulo, 2015.
© Marcelo Carvalho Ferraz, 2015.
Todos os direitos reservados.

1ª Edição, 1999, Editorial Blau.
2ª edição revista, ampliada e com novo projeto gráfico, 2015.

3ª reimpressão, 2025.
2ª reimpressão, 2022.
1ª reimpressão, 2019.

Fonte Helvetica Neue
Papel Couché fosco 150 g/m²
Impressão Margraf
Data Maio de 2025

MISTO
Papel | Apoiando o manejo florestal responsável
FSC® C015123

Edições Sesc São Paulo
Rua Serra da Bocaina, 570 – 11º andar
03174-000 – São Paulo SP Brasil
Tel.: 55 11 2607-9400
edicoes@sescsp.org.br
sescsp.org.br/edicoes
/edicoessescsp